Gesamtgestaltung: Text, Malerei und Fotografie
von Dr. Una Jacobs (Biologin)

CIP-Titelaufnahme der Deutschen Bibliothek

Jacobs, Una:
Zauber der Natur / Una Jacobs. — München: Sellier, 1989
ISBN 3-8221-1165-1

© Sellier Verlag München

Der Wald im Jahreslauf

Im Winter fällt der Schnee durch die kahlen Kronen der Laubbäume und schützt den Waldboden vor großer Kälte.

Im Frühling nutzen Schlüsselblumen und andere kleine Frühblüher den Lichtreichtum zum Wachsen und Blühen.

Zu den ersten Frühlingsboten gehören Schlüsselblume und Zitronenfalter.

In endloser Folge ziehen die Jahreszeiten über das Land. Der eisige Winter zwingt die Pflanzen zur Ruhe. Aber im Frühling und Sommer treiben sie unzählige Blätter und Blüten hervor. Im Herbst tragen sie Samen und bereiten sich wieder auf die Ruhezeit vor. Dies fortwährende Kommen und Gehen in der Natur zeigt sich im Laubwald besonders deutlich.

Im Sommer durchdringt kaum ein Lichtstrahl das Blätterdach, und auf dem Waldboden gedeihen nur Moose und Farne.

Im Herbst reißt der Wind das bunte Laub von den Zweigen, und das Licht dringt wieder bis auf den Waldboden.

Alle Pflanzen brauchen die Sonne. Sie gibt ihnen die Kraft zum Wachsen, Blühen und Samenbilden. Die großen und kleinen Pflanzen des Laubwaldes teilen sich das kostbare Sonnenlicht: Im Frühling erhalten die Frühblüher auf dem Boden ihren Anteil, etwas später im Jahr die Laubbäume. So können die vielen verschiedenen Waldpflanzen zusammen gedeihen.

Die Raupen des Kaisermantels fressen gerne am Wald-Veilchen.

Die Stockwerke ...

Wo alte und junge Bäume, Laub- und Nadelhölzer beieinander stehen, gleicht der Wald einem Haus mit mehreren Stockwerken. Auf diese Weise bekommt jede Pflanze soviel Licht und Raum, wie sie zum Leben braucht.

◀ Im Dachgeschoß wölben sich die Baumkronen hoch oben im Licht zu einem weiten Dach. Es wird von den Stämmen wie von Säulen getragen.

◀ Ein Stockwerk tiefer finden zwischen den mächtigen Stämmen kleine Bäume und Sträucher Platz. Sie bilden das Unterholz.

◀ Im Erdgeschloß wachsen Gräser, Kräuter und Farne. Hier liegt auch die Kinderstube der jungen Bäumchen.

◀ Über den Boden breitet sich ein Teppich aus Moosen, Flechten und Pilzen aus.

◀ Im Keller krallen sich die Wurzeln tief in den Grund und verankern das ganze Gebäude im Erdreich.

... im Waldhaus

Vom Dach bis zum Keller des Hauses finden die Waldtiere Nahrung und Schutz. Je mehr verschiedene Pflanzenarten bunt durcheinander wachsen, desto mehr Stockwerke, Zimmer, Nischen und Verstecke gibt es für die Hausbewohner.

Das Dach des Waldhauses gehört ▶ vor allem den Vögeln. Zusammen mit den Eichhörnchen turnen sie aber auch an Stämmen und Ästen treppauf und treppab.

Im Erdgeschoß gehen vorwie- ▶ gend die großen Tiere, wie Hirsch, Reh und Wildschwein ein und aus.

Unter dem Teppich rascheln die ▶ Waldmäuse. Aber auch Regenwürmer, Käfer und viele winzige Bodentiere sind hier zu Hause.

Ganz unten im finsteren Keller ▶ haben Dachs und Fuchs ihre Wohnhöhlen.

Alle werden satt

Schon am frühen Morgen verrät das Zwitschern und Jubilieren im Wald, daß dort besonders viele Vögel ihre Heimat haben. Sie alle finden genug Nahrung, denn jede Vogelart bevorzugt eine andere Lieblingsspeise oder geht in einem anderen Stockwerk des Waldes auf Futtersuche.

Hoch oben in den Baumwipfeln hält der Fliegenschnäpper (1) nach kleinen Mücken Ausschau.

Der Fichtenkreuzschnabel (2) holt sich geschickt die Samen aus Kiefern- und Tannenzapfen.

Die Blaumeise (3) turnt auf Insektenjagd bis hinaus in die äußersten Zweigspitzen.

Am Stamm klopft der Specht (4) nach verborgenen Larven, oder er meißelt Nüsse und Kerne auf.

Das winzige Goldhähnchen (5) pickt kleine Insekten von den Zweigen, während der Baumläufer (6) die Rinde danach absucht und der Zaunkönig (7) vor allem in Büschen und Sträuchern unterwegs ist.

Am Boden durchstöbert die Drossel (8) das Laub nach Würmern und Schnecken.

Der Kahlschlag

Eines Tages stürzen die Waldbäume zu Boden. Vielleicht entwurzelt sie ein Sturm, manchmal brechen sie unter der Schneelast, oder sie werden von Waldarbeitern gefällt. Nun prallt plötzlich die volle Sonne auf die Lichtung. Für alle Waldbewohner, die nur im Schatten und in feuchter Luft leben können, bedeutet dies das Ende. Aber durch die Zerstörung entsteht Raum für andere Pflanzen und Tiere.

Als erste erobern lichthungrige Gräser und Kräuter diese Sonneninsel. Ein buntes Pflanzengewirr bedeckt bald den Boden, und im hellen Licht tanzen und summen Insekten. Bleibt die Lichtung sich selbst überlassen, so kämpfen sich nach einigen Jahren Sträucher empor, und hohe Bäume folgen nach. Endlich, nach langer Zeit, wird aus der Lichtung wieder ein Wald.

Waldweidenröschen und Riesen-Straußgras (Foto) siedeln sich rasch nach dem Kahlschlag an.

Roter Fingerhut, eine geschützte und giftige Pflanze, gedeiht auf Lichtungen besonders gut.

Das Herbstlaub

Ein dürres Eichenblatt löst sich vom Zweig. Im Herbst ist es für den Baum nutzlos geworden. Er hat aus dem Blatt alle wertvollen Stoffe ins Bauminnere zurückgeholt. Sie ruhen nun den Winter über in Stamm und Wurzeln als Vorrat für den Frühling.
Jahr für Jahr sinken ungeheure Laubmassen zu Boden. Aber die Wälder ertrinken nicht in diesem Abfall aus toten Blättern. Alles Abgestorbene vermodert und macht Platz für neues Leben.

Die fest eingerollten Blätter des Adlerfarns entfalten sich im Frühjahr zu großen Farnwedeln.

Der Waldboden lebt

Emsig aber unbemerkt arbeiten im Laubstreu unzählige, kleinste Tiere. Der Regenwurm gehört dazu, Käfer und andere Insekten, auch Asseln, Spinnen, Milben, einzellige Tierchen und Bakterien. Sie sind für den Wald unentbehrlich, denn ihre Aufgabe ist es, alles Abgestorbene zu zerlegen und zu Pflanzennahrung zu verarbeiten. Diese wird von den Wurzeln aus dem Boden aufgesaugt und dient den Pflanzen zum Wachsen und Blühen. Ohne die vielen, heimlichen Erdarbeiter könnte das Leben im Wald nicht weitergehen.

Im Boden raspeln die Erdarbeiter zuerst die weichen Teile des Blattes ab. So werden die harten Rippen wie ein Skelett sichtbar.

Die Anzahl der winzigen Lebewesen im Boden des Laubwaldes ist ungeheuer. Zusammen wiegen sie weit mehr als alle Hirsche, Rehe, Wildschweine, Füchse und anderen Tiere über dem Boden.

Die Wiese im Jahreslauf

Im Winter verraten nur einige dürre Halme, daß unter der Schneedecke eine Wiese liegt.

Im Frühling schieben sich die frischen Grasspitzen hervor. Bald wohnen viele kleine Tiere im Gewirr aus Gräsern und Blumen.

Die gelb-schwarze Warnfarbe der Wespe erinnert ihre Feinde an ihren gefährlichen Stachel.

Vom Frühling bis zum Sommer verändert sich die Wiese fast von Woche zu Woche. Nacheinander blühen immer wieder andere Pflanzen, und ihre zahllosen, bunten Blütenköpfchen geben der Wiese immer wieder ein anderes Aussehen. Jede Blume hat eine Hauptblütezeit, bildet Samen und macht dann Platz für die nächste.

Im Sommer, nach dem ersten und zweiten Wiesenschnitt, ist die ganze bunte Blütenpracht verschwunden.

Im Herbst, wenn die meisten Blumen längst verblüht sind, erscheinen die zartlila Kelche der Herbstzeitlose.

Jedes Jahr werden die Wiesenpflanzen im Sommer durch den Schnitt zweimal geköpft und häufig überdüngt. Nur robuste, schnellwachsende Gräser und Blumen können hierbei überleben. Viele Wildkräuter halten das nicht aus. Sie gedeihen deshalb nur noch an Wegrändern, Berghängen und auf ungedüngten Magerwiesen.

Blütenbockkäfer, Harlekin-Falter und Schwebfliege täuschen mit ihrem „Wespenkleid" ihre Feinde.

Die Stockwerke ...

Auf bunten Sommerwiesen drängen sich Glockenblumen und Salbei, Lichtnelken, Margeriten, Rot- und Weißklee und viele andere um einen Platz an der Sonne. Sie alle sind lichthungrig und durstig. Durch den Wettkampf der Pflanzen gliedert sich auch die Wiese in Stockwerke.

◀ Hoch hinaus ragen die blühenden Rispen der Gräser an langen, biegsamen Halmen.

◀ Ein Stockwerk tiefer stehen die Blütenköpfchen der Blumen mit ihren leuchtenden Farben und vielen verschiedenen Formen.

◀ Weiter unten kämpfen sich die Blätter der Gräser und Kräuter zum Licht.

◀ Der feuchte Wiesengrund ist bedeckt mit welkenden Pflanzenteilen und mit Moos.

◀ Unter der Erde bildet das Gras einen flachen Wurzelfilz, während die Pfahlwurzeln einiger Kräuter weit in die Tiefe reichen.

... im Wiesenhaus

Ein gemähter Rasen wirkt wie ein eintöniger, lebloser Teppich. Aber Wiesen mit einer bunten Vielfalt an Blumen und Gräsern sind erfüllt vom Summen und Zirpen ihrer Bewohner. Einige leben das ganze Jahr hier, andere nur eine kurze Zeit, oder sie sind Besucher vom nahen Waldrand oder Teich.

▶ Der Wind streift durch die hohen Grasrispen.

▶ Im durchsonnten Blütenstockwerk sind vor allem Bienen, Hummeln und Schmetterlinge unterwegs.

▶ Etwas tiefer benagen Raupen und Schnecken die Blätter. Hier wohnen auch die Musikanten. Mit lautem Sirren verständigen sich die Heuschrecken, weil sie sich im Wiesendickicht sonst nicht finden könnten.

▶ Am Boden zirpen Grillen vor ihren Wohnlöchern. Laufkäfer hasten von Deckung zu Deckung, und Spinnen suchen mit ihren Eipaketen die wenigen Sonnenflecken auf.

▶ Der Keller wird von Maulwurf, Regenwürmern und anderen Kleinlebewesen durchwühlt. Die Zahl der winzigen Bodentiere ist hier oft nicht geringer als im Laubwald.

Eine Heuschrecke ruht sich im Blütenkörbchen der wilden Möhre aus.

Neues Leben beginnt

Im Frühsommer gibt es alles, was Tierkinder brauchen: Nahrung, Wärme und Unterschlupf. Es ist eine gute Zeit, auf die Welt zu kommen, nicht nur für Rehkitze und Vogelkinder, sondern auch für die Nachkommen der Insekten.
Alle Tierkinder müssen wachsen. Das ist für Insekten nicht leicht, denn ihr Körper steckt in einem starren Panzer. Von Zeit zu Zeit sprengen sie diesen auf, kriechen heraus und dehnen und strecken sich schnell, bevor die neue Haut erstarrt. Bei diesen Häutungen machen vor allem die Schmetterlinge erstaunliche und wunderbare Verwandlungen durch. Aus dem Ei kriecht eine winzige Raupe. Jedesmal, wenn sie die Haut abstreift, wird sie größer und dicker. Schließlich umwickelt sie sich so lange mit einem seidigen Faden, bis sie wie eine Mumie aussieht. Diese sogenannte Puppe erscheint äußerlich ganz ruhig und starr. Im Innern gehen aber wundersame Dinge vor: Aus der Raupe wird ein Schmetterling! Er sprengt die Puppenhülle und flattert mit zarten, bunten Flügeln davon.

Der bekannte Siebenpunkt-Marienkäfer (*) hat viele Verwandte mit verschiedenen Farben und Punkten.

Aus dem Ei der Heuschrecke schlüpft eine kleine, flügellose Larve. Sie wird mit jeder Häutung dem erwachsenen Tier ähnlicher.

Winter   Frühling   Sommer   Herbst   Winter

Aus dem Schmetterlingsei kriecht die gefräßige Raupe. Sie verwandelt sich zur Puppe, und aus ihr schlüpft endlich der Falter.

Auch Käfer verwandeln sich vollkommen, wenn sie vom Ei über die Käferlarve und Käferpuppe zum fertigen Käfer heranwachsen.

Lockende Blüten

Der Löwenzahn lockt ebenso wie viele andere bunte Blumen mit seiner leuchtenden Farbe kleine Käfer und andere Besucher an.

Aus dem Samen des Löwenzahns kann eine neue Pflanze wachsen.

Wiesenblumen haben manchmal viele Gäste. Vor allem Bienen, Hummeln und Schmetterlinge saugen den süßen Zuckersaft, den Nektar, aus dem Blütengrund. Dabei tragen sie Blütenstaub von Blüte zu Blüte. So werden die Blüten befruchtet, die Pflanzen können Samen bilden und sich vermehren. Auf diese Weise helfen die Insekten vielen Blumen bei der Fortpflanzung.

Treffpunkt der Nachtfalter

In der Dämmerung leuchten die Nachtkerze (Foto) und andere Nachtblumen mit ihren hellen Blüten.

Am Abend versiegen die Nektarquellen der meisten Tagblüten. Nur die Nachtblumen halten jetzt den süßen Saft für die Gäste bereit. Es sind vor allem Nachtfalter. In schwirrendem Flug stehen die Schwärmer vor den Blumen und tauchen den langen Rüssel in die Blütenkelche.
Auch die Leuchtkäferchen geistern um diese Zeit umher und funkeln in Gebüsch und Gras.

Leuchtkäferchen vertilgen unter anderem auch Schnecken.

Das Feld im Jahreslauf

Im Winter, wenn der Schnee über die Felder treibt, ist von der Getreidesaat nicht viel zu sehen.

Im Frühling strecken sich die zartgrünen Sprosse des Weizens, und bald schießen die Halme in die Höhe.

Die Samen des Klatsch-Mohns können auch nach zehn Jahren noch auskeimen.

Auf dem Feld ist die bunte Gesellschaft der Ackerwildkräuter zu Hause. Sie brauchen zum Wachsen den frisch umgepflügten Boden. Manche zeigen eine zähe Überlebenskraft und verstreuen jedes Jahr unzählige Samen. Diese „Unkräuter" sind für den Landwirt lästig, für viele Tiere aber sind sie wertvolle Nahrung, Unterschlupf oder eine sichere Kinderstube.

Im Sommer färben sich die Weizenähren goldbraun. Es ist Zeit für die Ernte. Zurück bleibt ein leeres Stoppelfeld.

Im Herbst wird der Boden gepflügt und die Wintersaat ausgebracht. Die jungen Pflänzchen wachsen, bis der Frost kommt.

Feldhasen haben viele Feinde, wie etwa Füchse oder Greifvögel. Ihre Hauptfeinde aber sind die Menschen. Sie haben durch den modernen Ackerbau die Landschaft stark verändert. Auf den eintönigen Feldern finden die Tiere kaum Verstecke, denn oft fehlen Hecken und Raine. Aber auch Spritzmittel, Überdüngung, Straßen und vieles mehr gefährden das Überleben der Hasen.

Das Hirtentäschelkraut ist ein Überlebenskünstler. Eine einzige Pflanze bildet in einem Jahr bis zu 60 000 Samen!

Die wertvollen Wildkräuter

Viele Ackerwildkräuter sind selten geworden oder fast ausgerottet. Und mit ihnen sind zahlreiche Kleintiere gefährdet, denn ohne diese Pflanzen können sie kaum überleben:
Die zierliche Zwergmaus ist ein Kletterkünstler. Im Dschungel der Halme ist das kleine Nagetier auf der Suche nach Samen und Körnern.

Das Taubenschwänzchen gehört eigentlich zu den Nachtschwärmern, ist aber stets bei Sonnenschein unterwegs. Im Schwirrflug steht es vor den Blüten der Acker-Winde und taucht blitzschnell seinen langen Saugrüssel in die Kelche. Diese Nektarquelle gehört vorwiegend ihm alleine, denn Tagfalter, Hummeln und Bienen können mit ihren kürzeren Rüsseln den Blütengrund nicht gut erreichen.

Geruchlose Kamille

Acker-Winde

Der Schwalbenschwanz ist ein großer, wunderschöner Tagfalter. Das Weibchen legt seine Eier nur an die Blätter der Wilden Möhre und nahe verwandter Pflanzen ab. Es scheint auf geheimnisvolle Weise zu ahnen, daß die kleinen Raupen, die bald aus den Eiern schlüpfen, nichts anderes als nur diese Futterpflanzen fressen werden.

Ein besonderer Glücksfall ist es, wenn man die seltene Mohnbiene beobachten kann. Mit ihren scharfen Kiefern schneidet sie Teile aus Mohnblüten und Kornblumen heraus. Sie kleidet damit eine fingerhutförmige Nistzelle im Boden aus. Diese Blütentapete schützt die Larve, die hier zur Mohnbiene heranwächst, vor Nässe und Schimmelpilzen.

Wilde Möhre

Kornblume

Eingebettet in einen Propellerflügel wirbelt der Samen des Ahorns weit durch die Luft.
Die stachelige Kapsel der Roßkastanie fällt zu Boden, und die braune Kastanie kullert heraus.

Vom Reichtum des Sommers

Spätsommer und Herbst sind die Zeiten des großen Überflusses in Wald und Flur. Samen und Nüsse, Früchte und Beeren reifen und verhelfen vielen Tieren zu einem wahren Festschmaus. Aber bald kommt für sie alle das gleiche Problem: Wie ist der harte Winter am besten zu überstehen?

In der Natur gibt es dafür vielfältige und erstaunliche Lösungen. Eine besteht darin, sich rechtzeitig einen Wintervorrat zu hamstern. So werden die reichen Schätze des Sommers für Zeiten der Not gerettet.

Fast jede Tierart hat dabei ihre eigene Methode:

So futtert sich der Igel im Sommer eine dicke Speckschicht an. Während des Winterschlafes zehrt er vom gespeicherten Körperfett.

Eichhörnchen und Eichelhäher verstecken im Moos und Laub des Waldbodens Bucheckern, Haselnüsse und Eicheln als Nahrungsreserve.

Gut gefüllte Honigwaben helfen dem Bienenvolk über den Winter.

Die Feldmaus besitzt nur einen bescheidenen Körnervorrat. Die Speicher des Feldhamsters sind dagegen randvoll. Er hat beizeiten viele Kilo Getreide in seinen Backentaschen heimgeschleppt.

Der Maulwurf sammelt in seinen unterirdischen Gängen Regenwürmer und trägt sie in einer Vorratskammer zusammen.

Die Nagespuren an den Haselnußschalen verraten den Dieb: Waldmäuse hinterlassen seitliche Löcher, Eichhörnchen arbeiten sich von der Spitze her an den leckeren Inhalt.

Die Feldhecke

Zwischen Wiesen und Feldern sind Hecken ein wichtiger Lebensraum. Niedrige und hohe Sträucher, einzelne Bäume und dornige Ranken verflechten sich zu einer grünen Mauer, gesäumt von Blumen und Kräutern. Hier finden viele Tiere Nahrung, Nistplätze und Winterquartiere. Manche von ihnen sind tüchtige Insektenvertilger und helfen dadurch mit, die Anzahl der Schädlinge in der Umgebung klein zu halten. Hecken bilden auch einen guten Windschutz. Die Felder trocknen nicht so schnell aus, und die Erde kann nicht so leicht weggeweht werden.

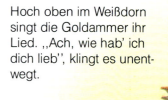

Hoch oben im Weißdorn singt die Goldammer ihr Lied. ,,Ach, wie hab' ich dich lieb", klingt es unentwegt.

Heckenrosen und viele andere blühende Sträucher und Blumen bieten den Insekten reiche Nahrung.

Die Erdkröte wagt sich aus dem Sonnenschutz der Hecke nur kurz hervor. Wie auch die Schnecken, liebt sie die schattigen Verstecke zwischen den Steinen.

Der Igel durchschnüffelt die Felder meist nur in einem Umkreis von einigen hundert Metern. Im Gestrüpp der Hecke findet er einen sicheren Schlafplatz.

Der Fuchs verläßt immer wieder den Schutz der Hecke und streift bis zu einem Kilometer weit umher auf der Jagd nach Mäusen und anderen Kleintieren.

Die höchsten Zweigspitzen der Hecke sind für viele Singvögel ein beliebter Sitzplatz und Ausguck inmitten der Felder.

Der Neuntöter spießt seine Beute an den Dornen der Hecke auf. Käfer, Hummeln und manchmal ein Frosch oder eine Maus hängen in seiner Speisekammer.

Laufkäfer und Ameisen eilen rastlos umher, während sich die Zauneidechsen auf den warmen Steinen sonnen und blitzschnell eine Fliege schnappen.

Etwa alle drei Stunden ruht die Feldspitzmaus für kurze Zeit. Dann geht es wieder weiter mit der emsigen Jagd nach Regenwürmern, Asseln, Schnecken, Spinnen und Insekten.

Der Steinmarder hat sein Lager in der Hecke unter einem Steinhaufen, in Erd- oder Baumhöhlen. Sein Jagdrevier erstreckt sich weit in die Felder hinaus.

In heutiger Zeit sind Hecken auch lebenswichtige Verbindungsstraßen. Entlang dieser Wege finden kleine Tiere genügend Wegzehrung und können so von einem Lebensraum zum nächsten wandern und sich ausbreiten. Denn querfeldein über den gespritzten Acker verhungern sie, und jede Rast bedeutet den Tod. Deshalb ist es gut, daß wieder mehr und mehr Hecken gepflanzt werden. Auch die Menschen fühlen sich in einer Landschaft, die reich an Hecken und Feldgehölzen, an Bächen und Böschungen ist, viel wohler als zwischen öden Feldflächen.

Mäusewelt

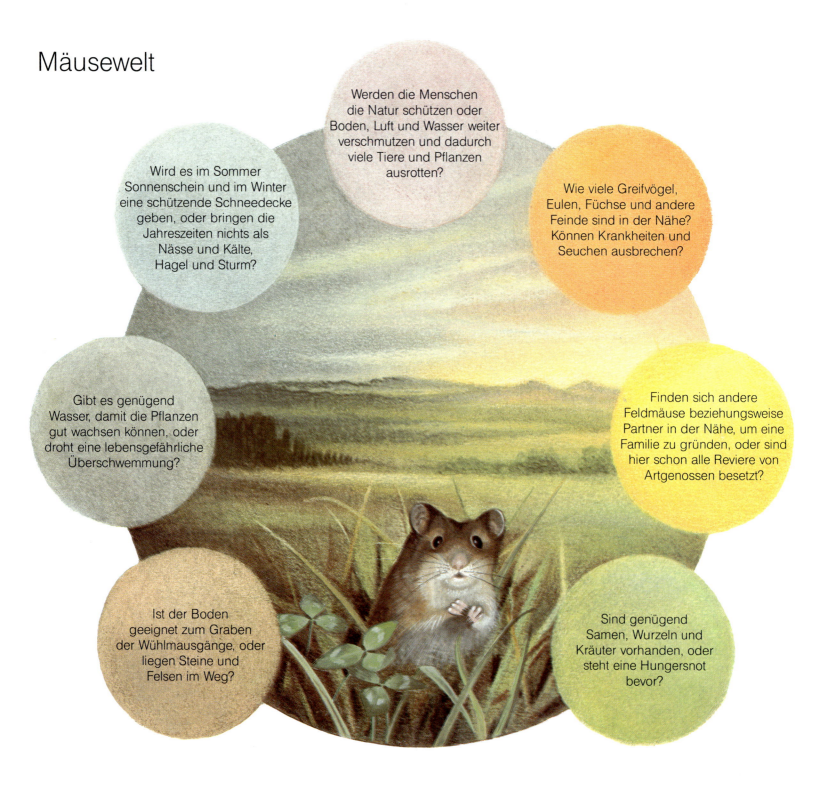

Wird es im Sommer Sonnenschein und im Winter eine schützende Schneedecke geben, oder bringen die Jahreszeiten nichts als Nässe und Kälte, Hagel und Sturm?

Werden die Menschen die Natur schützen oder Boden, Luft und Wasser weiter verschmutzen und dadurch viele Tiere und Pflanzen ausrotten?

Wie viele Greifvögel, Eulen, Füchse und andere Feinde sind in der Nähe? Können Krankheiten und Seuchen ausbrechen?

Gibt es genügend Wasser, damit die Pflanzen gut wachsen können, oder droht eine lebensgefährliche Überschwemmung?

Finden sich andere Feldmäuse beziehungsweise Partner in der Nähe, um eine Familie zu gründen, oder sind hier schon alle Reviere von Artgenossen besetzt?

Ist der Boden geeignet zum Graben der Wühlmausgänge, oder liegen Steine und Felsen im Weg?

Sind genügend Samen, Wurzeln und Kräuter vorhanden, oder steht eine Hungersnot bevor?

Bietet die Umwelt der kleinen Feldmaus alles, was sie benötigt, und ist sie gegen Gefahren gut gerüstet? Sie braucht Platz und einen geeigneten Boden, um Gänge und Nestkammern zu graben. Sie braucht Regen und Sonne im rechten Maß, genügend Nahrung und einen Partner. Dann kann sie sich so stark vermehren, daß einige ihrer Nachkommen den Feinden und Krankheiten entgehen.

Feldmäuse sind wie die meisten Tier- und Pflanzenarten gut an ihren Lebensraum auf Wiesen, Feldern und Fluren angepaßt. Schon seit langer Zeit leben sie hier mit den vielen anderen Tieren und Pflanzen zusammen. Sie sind ein Teil in einer großen Lebensgemeinschaft. Alle Mitglieder dieser Gemeinschaft brauchen einander und sind weitgehend voneinander abhängig.

Am Waldrand haben sich ungewöhnlich viele Mäusebussarde eingefunden. Hier gibt es reiche Beute für sie. Auf den Äckern und Wiesen wimmelt es von Feldmäusen. Es ist ein „Mäusejahr".

Unentwegt sind die Bussarde auf der Jagd, damit sie selbst und ihre zahlreichen Jungvögel satt werden. So geht die Anzahl der Feldmäuse rasch zurück. Außerdem sterben viele schwache und kranke Mäuse im naßkalten Winter.

Für die Bussarde wird die Nahrung knapp. Manche versuchen, statt einer Maus ein Rebhuhn oder einen Fasan zu greifen. Bei dieser Jagd sind sie aber wenig erfolgreich und ziehen schließlich fort, um anderswo ihren Hunger zu stillen.

Der Räuber und seine Beute

Seit die Räuber verschwunden sind, vermehren sich die Feldmäuse wieder. Bei warmem und trockenem Wetter kommt es sogar zu einer Mäuseplage. Bald ist die Übervölkerung so groß, daß sich die Mäuse gegenseitig Nahrung und Wohnraum streitig machen.

Wieder ziehen die Bussarde aus anderen Gegenden herbei und machen reiche Beute. Wieder geht die Anzahl der Feldmäuse zurück. Jetzt beginnt das unaufhörliche Wechselspiel zwischen Bussard und Maus, zwischen Räuber und Beute, von neuem.

Räuber und Beute brauchen einander und können nur gemeinsam überleben. Wenn der Mensch dieses fein abgestimmte Gleichgewicht stört und die Feldmäuse als „lästige Schädlinge" vernichtet, ist das Überleben der Bussarde und anderer Greifvögel in Gefahr.

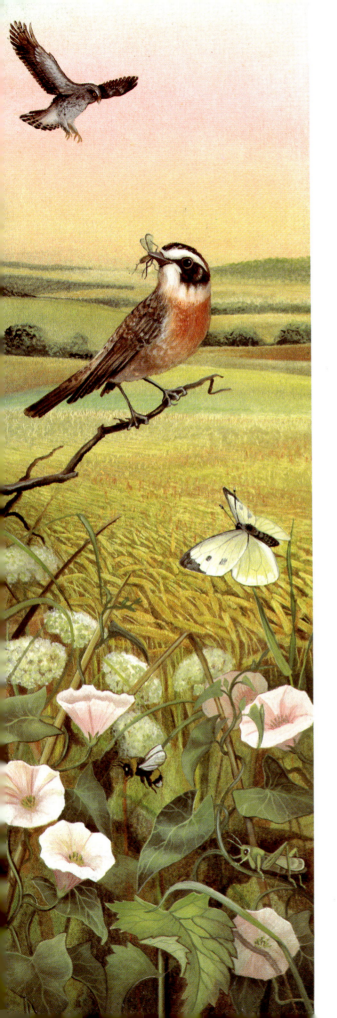

Unsichtbare Ketten

In der Natur lebt niemand für sich alleine. Jedes Leben ist wie mit unsichtbaren Ketten an das Leben anderer geknüpft.
Der Habicht fängt kleine Singvögel, zum Beispiel ein Braunkehlchen. Das Braunkehlchen ernährt sich von kleinen Faltern, Raupen und Heuschrecken. Diese wiederum leben von Pflanzen, saugen Nektar aus Blüten oder nagen an Stengeln und Blättern.
Blütenpflanzen — kleine Falter — Singvogel — Greifvogel sind wie Glieder einer Kette, der Nahrungskette. Dieses Fressen und Gefressenwerden kann man draußen in der Landschaft nur selten beobachten. Aber allerlei Fraßspuren und Nahrungsreste erzählen von heimlichen Mahlzeiten.

Eischale und Schädel deuten auf einen Vogelräuber, vielleicht ein Eichhörnchen. In den Gewöllen der Eule, in denen sie alles Unverdauliche wieder auswürgt, verraten Mäusezähnchen die Art der Beute.

Die einzelnen Mitglieder der Nahrungsketten kann man zu Gruppen zusammenstellen, je nachdem, wovon sie sich ernähren.

Fleischfresser oder Räuber verzehren andere Tiere. Mit Kraft, Ausdauer und List jagen sie ihre Beute. Solch ein Fleischfresser ist zum Beispiel der Fuchs, der eine Maus, einen Feldhasen oder Fasan reißt.

Die von den Räubern erbeuteten Tiere sind meist Pflanzenfresser: Stets wachsam und auf der Hut vor ihren Feinden, knabbern sie an Blättern und Wurzeln, picken Samen und Beeren auf. Der Feldhase zum Beispiel mag Wildkräuter und Klee sehr gerne.

Manche Tiere, wie zum Beispiel die Blaumeise, ernähren sich ebenso wie der Mensch von gemischter Kost, nämlich sowohl von Pflanzen als auch von Tieren.

Die grünen Pflanzen sind die Nahrungslieferanten in der Natur. Unentwegt bauen sie auf, was andere wegfressen: Blätter, Blüten und Wurzeln. Dazu brauchen sie einen fruchtbaren Boden sowie Licht, Luft und Wasser. Sie erzeugen die Nahrung für die hungrige Tierwelt und für die Menschen.

Der Weiher im Jahreslauf

Im Winter, wenn eine dicke Eisschicht den Weiher bedeckt, ist es im Wasser darunter dunkel und kühl.

Im Frühling legen die Wasserfrösche ihren Laich zwischen Schilf und Wasserpflanzen am seichten Ufer.

Die Prachtlibelle macht Jagd auf kleine Mücken und andere Insekten.

Vielfältig und üppig entfaltet sich das Leben an Weihern und flachen Seen. Auch hier sind Pflanzen und Tiere durch Nahrungsketten verbunden. Eine von ihnen beginnt mit den modernden Pflanzenteilen und Algen, die von den Kaulquappen abgeweidet werden. Wenn diese sich zu kleinen Fröschen verwandelt haben, werden sie eine Beute der Ringelnatter.

Im Sommer trüben zahllose schwebende Algen und kleinste Lebewesen die stehenden Gewässer.

Im Herbst behält das Wasser seine Wärme noch eine Zeitlang, während die Luft rasch abkühlt.

Hin und wieder kann man den schillernden Eisvogel bei seiner einzigartigen Jagdweise beobachten. Er stürzt sich kopfüber ins Wasser, um nach Fischchen und anderen kleinen Wassertieren zu tauchen. Wenn die stehenden Gewässer zugefroren sind, braucht er schnell fließende und vor allem unverschmutzte Bäche und Flüsse, um seinen Hunger zu stillen.

Die Quelle des Lebens

Das Süßwasser des Flusses wird sich nach langer Reise mit dem Salzwasser des Meeres vermischen.

Aus Bergen und Tälern gluckern die Quellen, und das Wasser plätschert in Bächen hinab in die Ebene. Unterwegs nehmen sie Regenwasser auf, vereinigen sich mit zahllosen anderen Bächen und stauen sich da und dort zu stillen Weihern und Seen. Bald schlängeln sich Flüsse durch das flache Land, die oft zum breiten Strom werden, bevor sie endlich in eines der großen Meere münden.

Im Meer entstanden einst vor langer Zeit die ersten Lebewesen. Inzwischen haben Pflanzen und Tiere die Erde erobert, doch nur dort, wo es auch Wasser gibt. In den Wüsten, in denen nie Regen fällt, können Pflanzensamen nicht keimen, und Tiere und Menschen verdursten. Alles Leben ist ans Wasser gebunden. Wasser ist nötig, damit das Leben unaufhörlich weitergehen kann.